MY FIRST DANISH BOOK

DANISH-ENGLISH BOOK
FOR BILINGUAL CHILDREN

 www.RaisingBilingualChildren.com

DET DANSKE

Abe
Monkey

Bi
Bee

Citron
Lemon

Gulerod
Carrot

Hest
Horse

Insekt
Insect

Måne
Moon

Nøgle
Key

Ost
Cheese

Sommerfugl
Butterfly

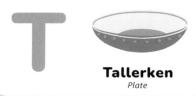

Tallerken
Plate

Ugle
Owl

Yoghurt
Yoghurt

Zoo
Zoo

Æsel
Donkey

2

ALFABET

D
Dør
Door

E
Edderkop
Spider

F
Frø
Frog

J
Jordbær
Strawberry

K
Kat
Cat

L
Løve
Lion

P
Paraply
Umbrella

Q
Quiche
Quiche

R
Regnbue
Rainbow

V
Vandmelon
Watermelon

W
Wi-fi
Wi-fi

X
Xylofon
Xylophone

Ø
Ørn
Eagle

Å
Å
River

Vilde DYR

Giraf
Giraffe

Elefant
Elephant

Zebra
Zebra

Struds
Ostrich

Rådyr
Deer

Bjørn
Bear

Løve
Lion

Ræv
Fox

HUSDYR

Kat
Cat

Hane
Rooster

Mus
Mouse

Kanin
Rabbit

Häst
Horse

Ged
Goat

And
Duck

Ko
Cow

Hund
Dog

Gås
Goose

Kalkun
Turkey

Får
Sheep

Gris
Pig

FIGURER

Cirkel

Circle

Firkant

Square

Trekant

Triangle

Rektangel

Rectangle

Rombe

Rhombus

Oval

Oval

SHAPES

Hjerte

Heart

Stjerne

Star

Kors

Cross

Pil

Arrow

Femkant

Pentagon

Trapez

Trapezoid

FRUGTER

Æble
Apple

Banan
Banana

Abrikos
Apricot

Blomme
Plum

Ananas
Pineapple

Pære
Pear

Appelsin
Orange

Citron
Lemon

BÆR

Jordbær
Strawberry

Vandmelon
Watermelon

Vindrue
Grape

Kirsebær
Cherry

Blåbær
Blueberry

Hindbær
Raspberry

Kiwi
Kiwi

Granatæble
Pomegranate

9

GRØNTSAGER

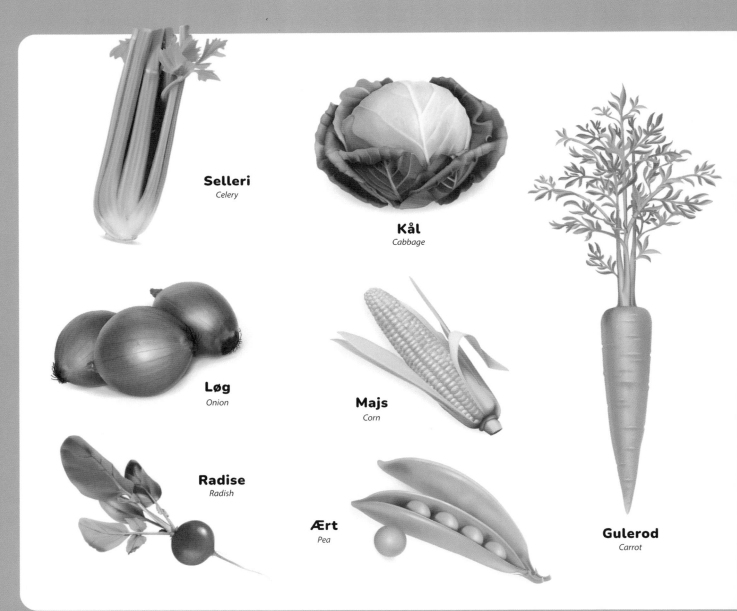

Selleri
Celery

Kål
Cabbage

Løg
Onion

Majs
Corn

Radise
Radish

Ært
Pea

Gulerod
Carrot

VEGETABLES

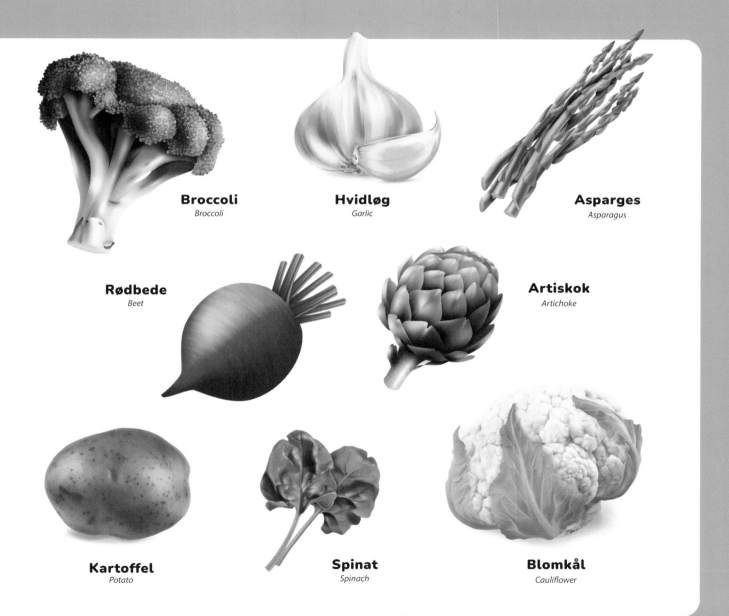

Broccoli
Broccoli

Hvidløg
Garlic

Asparges
Asparagus

Rødbede
Beet

Artiskok
Artichoke

Kartoffel
Potato

Spinat
Spinach

Blomkål
Cauliflower

TAL

En
One

2 To
Two

Tre
Three

Fire
Four

Fem
Five

Seks
Six

NUMBERS

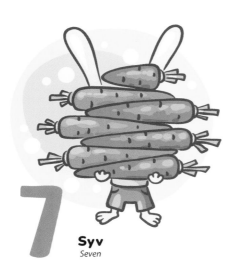

7

Syv
Seven

8

Otte
Eight

9

Ni
Nine

10

Ti
Ten

FARVER

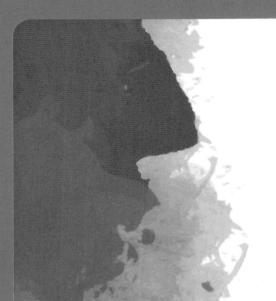

Rød

Tomat
Tomato

Mariehøne
Ladybug

Krabbe
Crab

Rose
Rose

Gul

Ost
Cheese

Bi
Bee

Hvede
Wheat

Solsikke
Sunflower

COLORS

Grøn

Blad
Leaf

Frø
Frog

Agurk
Cucumber

Avocado
Avocado

Blå

Hval
Whale

Sommerfugl
Butterfly

Cowboybukser
Jeans

Fisk
Fish

ÅRSTIDER

Vinter

Forår

SEASONS

Sommer

Efterår

17

MIT HUS

Køkken

Tallerken
Plate

Ske
Spoon

Kop
Cup

Gaffel
Fork

Tekande
Teapot

Gryde
Stock pot

Børneværelse

Krybbe
Crib

Klodser
Blocks

Dukke
Doll

Stabelringe
Stacking rings

MY HOUSE

Badeværelse

Badekar
Bathtub

Tandbørste
Toothbrush

Håndklæde
Towel

Vask
Sink

Stue

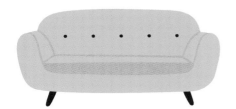

Sofa
Couch

Lænestol
Armchair

Lampe
Lamp

TV
TV

PROFESSIONER

Brandmand
Firefighter

Forretningsmand
Businessman

Læge
Doctor

Kok
Cook

Lærer
Teacher

Programmør
Programmer

PROFESSIONS

Astronaut
Astronaut

Politimand
Policeman

Maler
Painter

Musiker
Musician

Fodboldspiller
Soccer player

Landmand
Farmer

TRANSPORT

TRANSPORTATION

Flyvemaskine
Airplane

Helikopter
Helicopter

Varmluftballon
Hot Air Balloon

Trafiklys
Traffic light

Bil
Car

Lastbil
Truck

Cykel
Bike

Motorcykel
Motorcycle

Brandbil
Fire truck

Bus
Bus

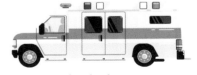

Ambulance
Ambulance

Tog
Train

DYRELYDE

KAT
MIAUER:
MJAV

HUND
GØR:
VOV

FRØ
KVÆKKER:
KVÆK

HANE
GALER:
KYKELIKY

GÅS
HVÆSER:
HVÆS

AND
RAPPER:
RAP

ANIMAL SOUNDS

KO
BRØLER:
MUH

HEST
VRINSKER:
VRINSK

GRIS
GRYNTER:
ØF

GED
BRÆGER:
BÆÆ

ÆSEL
SKRYDER:
HIHO

BI
SUMMER:
BZZ

MODSÆTNINGER

Stor
Big

Lille
Small

Ren
Clean

Beskidt
Dirty

Varm
Hot

Kold
Cold

Dag
Day

Nat
Night

OPPOSITES

Høj
Tall

Lav
Short

Åben
Opened

Lukket
Closed

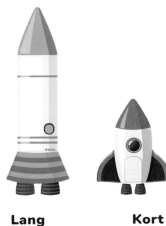

Lang
Long

Kort
Short

Fuld
Full

Tom
Empty

Thank you very much

It would be amazing if you wrote
an honest review on Amazon!
It means so much to us!

Questions?
Email us hello@RaisingBilingualChildren.com

Anna Young

www.RaisingBilingualChildren.com

Edition 1.0 - Updated on February 9, 2022